띵별의
일러스트 발레일기

띵별의
일러스트 발레일기

아다지오에서 알레그로까지, 좌충우돌 취미발레의 '단짠단짠' 순간들

띵띵이별 지음

북피움

머리말

처음부터 계획된 건 아무것도 없었다.
그저 '운동'이라는 범주 안에 발레가 있었을 뿐이다.
발레를 배우겠다고 학원을 찾아본 것도 아니었고,
다이어트나 자세 교정 같은 특별한 목적이 있었던 것도 아니었다

그러나 배우면 배울수록 새로운 세상이 열리는 듯한 발레의 매력은
내 삶에 다채로움과 변화를 선물해주었다.

소소하게 SNS에 올리던 이야기를 책으로 만들어보자는 제안을 받았을 때도,
조각조각의 에피소드를 어떻게 엮어야 할지,
그림을 한 번도 배워본 적 없는 내가
과연 이 일을 해낼 수 있을지 선뜻 자신이 없었다.

하지만 쓰다 만 발레 일기들을 다시 꺼내 읽으며 추억한 시간들은
또 다른 특별한 선물이 되어 돌아왔다.

이 책에 담긴 에피소드는 모두 실제 경험을 바탕으로 각색하였으며,
두 분의 선생님만 실존 인물의 동의를 받아 모델로 삼았다.
그 외의 등장인물은 모두 가상의 인물이다.

발레를 경험한 사람에게도,
아직 발레를 접해보지 않은 사람에게도
이 이야기가 따뜻하고 행복하게 전해지길 바란다.

감사의 마음을 전하고 싶은 분들이 참 많다.
가능성을 봐주신 북피움 출판사와 나에게 영감을 준 발레 친구들,
인내로 지도해주시는 선생님들, 너무나 사랑하는 가족,
무엇보다 내 인생의 주인이신 하나님께 감사드린다.

띵띵이별

차례

머리말   4

Intro   9

1장. 봄, 새로운 시작

1. 나도 순서를 외우고 싶지만   15
2. 언어 공부   18
3. 내 몸을 바라보는 것   21
4. 아다지오   24
5. 발레 빠진 날   27
6. 땅 보지 말고…   30
7. 레오타드   33
8. 숨바꼭질   36
9. 발레 노트   39
10. 홀 타이츠   42
11. 몸개그   45
12. 방향 바보   48
13. 발레가 좋은 이유   51
14. 발레 고수는 아닙니다만   54
15. 춤을 추는 것   57
16. 원정발레   60
17. 고수님 헬프 미!   63
18. 작품반   66
19. 겁먹지 말고   69
20. 퇴사   72

2장. 아다지오, 발레의 세계로

21. 짝사랑   77
22. 외국인 발레쌤   80
23. 발레메이트   83
24. 스승의 날   86
25. 홈발레   89
26. 여름의 문턱   92

3장. 알레그로, 열정의 여름

41. 발등의 상처	139
42. 레벨업	142
43. 금도끼 은도끼	145
44. 나만의 무대	148
45. 감자티	151
46. 발레 콩쿠르	154
47. walking	157
48. 과정	160
49. 특별함	163
50. 결과	166
51. 마주하기	169
52. 발태기	172
53. 천천히	175

27. 코로나	95
28. 그랑 주테	98
29. 발레 로망	101
30. 부상	104
31. 나의 창문	107
32. 토슈즈	110
33. 레벨 실수	113
34. 순서 창작	116
35. 본캐릭터	119
36. 발레룩	122
37. 칭찬	125
38. 통합테스트	128
39. Reverse	131
40. 츤데레	134

54. 알레그로	178
55. 남자 수강생	181
56. 턴멍	184
57. 데블로페	187
58. 탈리스만	190
59. 호흡	193
60. 파드되	196

4장. 레베랑스, 사랑의 인사

61. 캐스팅	201		
62. 도전	204		
63. 발레 잘하고 싶다	207	70. 이웃 나라의 발레	228
64. Barre	210	71. 눈부시게	231
65. 특강	213	72. 빨래	234
66. 발치광이	216	73. 겨울 발레	237
67. 언제쯤	219	74. 3인무	240
68. 계절의 길목	222	75. 크리스마스 클래스	243
69. 발레 여행	225	76. 힘들어도	246
		77. 못생긴 발레	249
		78. 보부상	252

outro	255

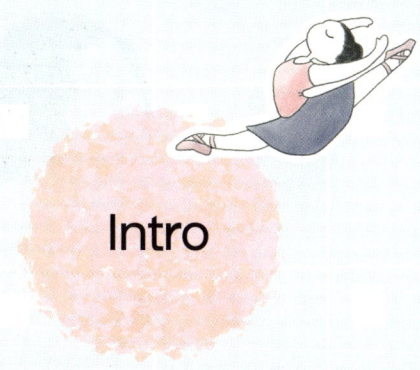

Intro

나는 띵별이라고 해.
하루 종일 컴퓨터 앞에 앉아 웹 어플리케이션을 만드는 일을 하지.

운동을 해야겠는데 고민이 많았어. 조금 하다가 그만두기는 싫었거든.

꾸준히 할 만한 게 뭐가 있을까 찾아봤어.

일단 다음 달부터 등록은 했는데 뭐부터 해야 할까?

준비는 끝났어.

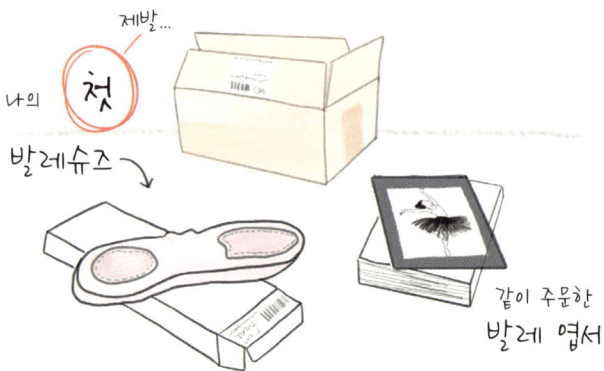

내 방도 새로 꾸며봤어. 뭐든 시작은 설레잖아?

1장.
봄, 새로운 시작

1. 나도 순서를 외우고 싶지만

문화센터에서의 발레는

두둥!

내가 생각한 이미지와는 좀 달랐어

발레 엽서 배경 같은
예쁜 커튼도 없고
조명도 없고…

여기선 발레가 그냥
체육 과목 중 하나구나…

선생님은 처음 온 나에게 차근차근 설명해주고 싶어 하셨지만

순서를 어려워하는 건 나뿐만이 아닌 듯했어.

선생님이 앞에서 해주셔야 그나마 따라 할 수 있었는데...

마치 다른 나라에 있는 것 같은 느낌이었어.

2. 언어 공부

몇 번의 수업 후 받은 발레에 대한 나의 느낌 중 하나는

발레는 참 모순적이라는 거야.

선생님 말은 이해가 안 됐고

일단 언어의 장벽부터 해결해야 했는데…

한국말인지 외국말인지 모를 말들도 많았어.

몇 번 듣다보니 눈치로 조금씩 알게 되더라.

3. 내 몸을 바라보는 것

준비된 상태에서 나라고 믿었던 내 모습과

발레를 하면서 보게 된 내 모습은 참 많이 달랐는데…

동작이 익숙하지 않아서 어색한 건 당연하지만

평소에 잘 인식하지 못했던 부분도 보게 되더라구.

딱히 불편하지 않아서 크게 신경쓰지 않았는데

발레를 시작하면서 마주하게 되더라.

4. 아다지오

운동이 재밌어지기까지 어느 정도의 시간이 필요하겠지만

조금씩 하기 싫은 게 생기기 시작했어.

시간이 지날수록 조바심도 생겼던 것 같아.

그나마 바가 끝나야 춤을 배우는 시간이라고 생각했었는데

센터에서 아다지오는 싫어하는 것들의 총집합이었어.

발레는 그냥 힘든 운동인가 봐.

5. 발레 빠진 날

그날은 유난히 피곤하게 느껴지는 날이었어.

생각이 많아진다는 건 가고 싶지 않은 마음의 발현이랄까.

어쩔 수 없는 상황으로 몰아가기를 성공하고

나름 이유 있는 결석을 했지만…

뭔가 내내 찜찜한 마음은 어쩔 수 없더라구.

발레를 가는 게 더 나을 뻔한 날이었어.

6. 땅 보지 말고…

요즘 자꾸 땅 보지 말라는 지적을 받고 있어.

차라리 시선을 하라고 하시는데 나에게 시선은 '차라리'의 영역이 아니야.

포지션에 따라 달라지는 시선이 헷갈리기도 하지만

어딜 봐야 하는지 안다고 다 되는 건 아니거든.

시선을 열심히 하다보면 거울로 내 모습을 체크할 수도 없어서

결국은 째려보기가 되더라구.

7. 레오타드

이제 레오타드를 사야 할 때가 온 것 같아.

내 어색한 동작이 더 적나라하게 보일까봐 좀 걱정되지만

이젠 뭔가 꾸준히 할 수 있겠다는 확신이 들기 시작했거든.

막상 사려고 보니 예쁜 레오타드가 너무 많았어.

결국 나의 첫 레오타드는 무난하고 얌전한 스타일.

햇살 좋은 봄날의 클래스는 꽃밭 같아.

8. 숨바꼭질

초보반에서도 초보를 맡고 있는 난 최대한 안 보이는 자리를 선호했어.

싫어하는 아다지오는 더더욱 숨고 싶었는데

구석 자리도 좋기만 한 건 아니었어.

그룹이 작아질수록 되도록 뒷그룹에서 하려고도 노력했는데

예상치 못한 선생님의 변화구

결국 내가 숨을 곳은 아무 데도 없는 것이었어.

9. 발레 노트

수업에서 배우는 동작이 조금씩 길어지기 시작했어.

처음부터 다 기억하고 지키는 건 어렵다는 걸 알고는 있지만

순서만 챙기려고 해도, 왜 돌아서면 자꾸 잊어버리게 되는 걸까.

최대한 기억을 붙잡아두려고 자꾸 떠올려보고

집에서 영상을 찾아 연습을 해보기도 하지만

결국 고전적인 방법으로 노트 정리를 해보기로 했어.

추상과 추리가 난무하는 에세이라고나 할까

10. 홀 타이츠

초급반 수업은 높은 레벨의 수업보다 일찍 시작했기 때문에
칼퇴가 필수였는데…

직장인인 나는 늘 퇴근 시간에 초조했어

그래서 언제부턴가 시간을 벌기 위한 꼼수를 쓰기 시작했지.

발레 타이츠만 신고 가도…

발레 타이츠는 가운데 구멍이 뚫려 있긴 하지만,
발바닥을 보여줄 일은 없잖아?

뭐 누가 신경이나 쓰겠어?

분홍색 양말이라고 생각하겠지

그런데 문제는 가끔 나도 모르게 그 구멍이 뒤꿈치 쪽으로 밀려난다는 것!

나를 커다랗게 구멍 난 양말을 신고 다니는 선임이라고 생각했을까?

11. 몸개그

새로 배운 점프 동작은 바에서 시작했어.

바를 잡고 뛰어볼 때는 그래도 할 수 있을 줄 알았는데

막상 플로어에서 해보려니 쉽지 않더라구.

앙트르샤 entrechat는 '꼰다'
캬트르 quatre는 '넷'이라는 뜻이에요

선생님은 일단 손을 제외하고 연습해보라고 하셨는데

딱히 손동작이 있는 게 아니었거든.

그냥 앙 바잡아 차라리 손을 해볼까?

그치만 앙 바조차 유지가 안 되는 몸개그.

근데 왜 손까지 앙트르샤가 되는 거냐?

12. 방향 바보

바 워크 순서는 제법 잘 따라 하고 있는 것 같아.

아직도 뒤돌아서 하는 동작이 낯설긴 하지만

그런데 오늘 선생님이 신기한 동작을 하셨어.

발레는 앞뒤만 있는 게 아니더라구.

모든 방향에 번호가 있고

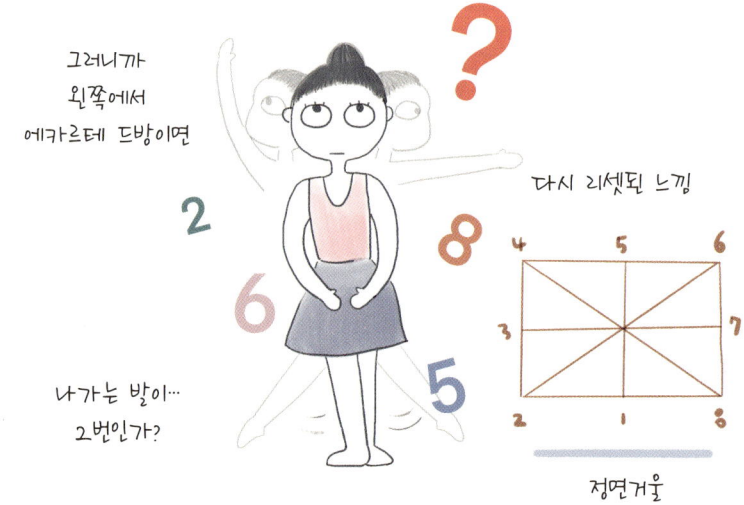

난 정말 방향 바보라는 걸 알았어.

13. 발레가 좋은 이유

언제부턴가 발레의 매력에 빠져들고 있었는데

그 이유 중 하나는 분명히 음악이야.

좋은 음악을 들으면 수업 중에 감성이 터질 때도 있거든.

문제는 음악에 너무 심취했을 때

정작 동작에 집중을 못해서 틀려버릴 때가 있다는 것.

음악을 들으며 춤을 추라고 하시는데, 음악이 좋아서 춤이 안 되는 역설

14. 발레 고수는 아닙니다만

내 주변 사람들 대부분이 내가 발레하는 걸 알고 있는 것 같아.

언제부턴가 퇴근 시간이 되면 날 빨리 보내주려고 하더라고.

고맙긴 한데 문제는 내가 엄청난 발레 고수인 줄 안다는 것.

가끔 당황스럽긴 하지만

그래도 뭔가 응원을 받고 있는 것 같아서

더 열심히 해야겠다는 생각이 들어.

15. 춤을 추는 것

운동을 하겠다고 발레를 시작하긴 했지만

그래도 발레는 춤인데 이게 맞나 싶을 때가 있어.

그나마 춤추는 것처럼 느껴지는 건 역시 왈츠!

그리고 센터의 로망, 피루에트.

모든 아름다운 결과물에는 험난한 과정이 있는 법이겠지.

이 지루함을 버텨내면 나도 아름다운 춤을 출 수 있는 걸까.

16. 원정발레

문화센터에서만 발레를 접해본 나에게 사설 학원은 낯선 영역이었는데

'원정발레'라는 말도 있더라구.

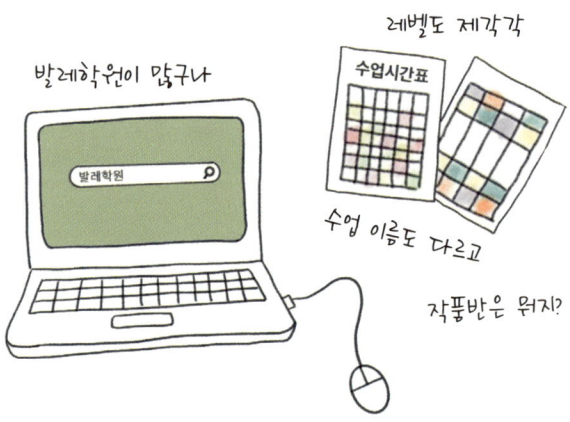

다른 학원에서의 발레가 궁금했던 난 용기를 내보기로 했어.

어려울 것은 각오했지만 생각보다 훨씬 어려웠고

낯선 공간과 낯선 사람들 사이에서 긴장이 풀리지 않았어.

나의 발레에서 부족한 건 어쩌면 테크닉만이 아닐지도 몰라.

17. 고수님 헬프 미!

발레 동작의 이름이 그냥 대명사가 아님을 알게 되었어.

그래서인지 배울수록 도무지 끝이 없게 느껴지기도 해.

머리가 알아도 몸이 안 따라주는 경우도 있고

순서가 머리에 안 들어와서 듣기에 집중할 때도 있어.

때로는 누군가를 열심히 따라 해보기도 하지만

결국은 내가 해내야 하는 것이겠지?

18. 작품반

발레를 시작하면서 그동안 무심히 봐왔던 발레가 새삼 다르게 느껴졌어.

그 대단한 작품 속 한 장면을 배운다는 건 상상도 할 수 없던 일이었지만

그럼에도 불구하고 도전하게 된 건 예습 영상 때문이었어.

희망을 가지고 틈틈이 연습도 해봤지.

하지만 정작 문제는 순서가 아니라는…

왜 내가 하면 때밀이가 되는 걸까.

19. 겁먹지 말고

사람들은 정규직이 안정적이라고 했지만

난 다시 프리랜서로 돌아가는 걸 고민하고 있었어.

익숙해져버린 환경이 날 멈춰 있게 하는 건 아닌지…

하지만 울타리 바깥의 변화에 대응할 수 있을지 겁나기도 했어.

가끔 발레가 나에게 말을 걸어올 때가 있는데

그날이 그랬던 것 같아.

20. 퇴사

2년 넘게 다니던 회사를 그만두기로 했어.

이 사진이 벌써 2년이 됐네

퇴근 시간이면 날 등 떠밀어주던 고마운 사람들

다리가 귀에 닿는 거 아니에요?

정 많은 과장님

보여줘 보여줘

열정 소장님

저도 태권도 열심히 할 거예요

마스크 쓴 얼굴이 더 익숙한 신입

내 작은 연습실, 비상 엘리베이터도 안녕!

거울이 되어줘서 고마워

프리랜서로 돌아가면 지금처럼 발레 할 수 있을까.

힘든 프로젝트 들어가면

야근도 많고 바쁠 텐데…

일단 당분간은 실컷 발레 할 수 있다.

힘들어도 너무 신나는 거 있지.

2장.
아다지오, 발레의 세계로

21. 짝사랑

선생님이 수업 시간에 같은 말을 되풀이하셔도

그게 전부 이해가 되는 건 아니야.

이해하지 못하기 때문에 이해하지 못하는지도 모름

그런데 어느 날 딱 와닿을 때가 있더라구.

그런데, 그때부터가 시작인 거야.

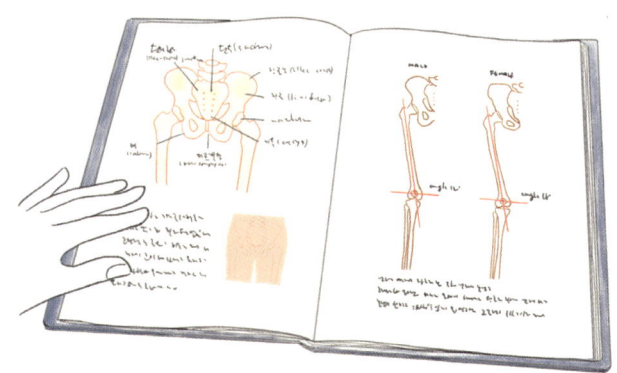

그다음부터 계속되는 전진과 후퇴의 반복

그리고 이 밀당의 고수 발레에 깊어가는 짝사랑.

22. 외국인 발레쌤

문화센터는 코로나로 열었다 닫았다를 반복하고 있었어.

사설 학원은 문을 닫지 않았기 때문에 다시 원정발레에 도전해봤지.

처음엔 생각지 못한 영어 수업이라 당황했거든.

하지만 너무나 배려심이 넘치는 선생님이셨어.

아티튜드 설명이 가장 인상적이었는데

잘못된 예를 설명하실 땐, 한국말 한 단어로 모든 게 이해되더라구.

23. 발레메이트

어쩌다가 떠돌이 발레 유목민이 되어 경험하는 학원은

뭔가 소속감 없이 겉도는 느낌이 들기도 했고

각자 집중하는 모습이 새침하게 느껴지기도 했어.

그런데 언제부터인지 서로 알아가고 있더라.

친구가 되는 건 사소한 일에서 시작되더라구.

그렇게 발레메이트가 하나둘 생기기 시작했어.

24. 스승의 날

학원을 다니면서 여러 선생님들을 만나면서 느낀 게 있는데

발레 선생님들은 대부분 목소리가 크고 에너지가 넘친다는 것!

피곤한 날에도 오히려 수업에서 힘을 받고 갈 때도 있어.

반복해서 뛰면서 설명까지 하시는 것도 신기하고

한 명 한 명 고칠 부분을 놓치지 않는 것도 신기해.

하지만 선생님들에게도 지친 퇴근길이 없지 않겠지.

25. 홈발레

집에서 매트도 깔고 스트레칭을 해봤어.

코로나가 심해져서 사설 발레학원까지 모두 문을 닫았거든.

그치만 일단 누우면 끝났다고 봐야 해.

꿈속에서 발레 중…

발레 음악을 틀고 바 워크도 시도해봤어.

바 대신 의자를 잡았지만

진지하게 풀장비 장착!

하지만 집에선 할 수 있는 게 없는 것 같아.

빨리 코로나가 끝났으면 좋겠어.

26. 여름의 문턱

발레 가방이 가벼워지는 계절이 왔어.

사람마다 체질이 다르지만

여름은 나에겐 발레하기 힘든 계절이거든.

바 워크가 끝나기도 전에 금방 지쳐버리곤 해.

특히 봄바람이 잦아들기 시작한 여름의 문턱은

발레의 계절 중 가장 더운 계절이야.

27. 코로나

결국 나도 코로나를 피해 가지 못했어.

휴가 기간에 이게 무슨 일…

발레학원에 연락해서 신청한 수업들부터 취소하고…

기침 말고는 별다른 증상이 없었기에 걱정하지 않았는데

신나게 쉬어볼까?

보고 싶었던 드라마들도 정주행하고…

꾸역꾸역 밥을 챙겨 먹으며 열심히 약을 먹어도 점점 악화되더니

결국 구급차에 실려 응급실로 가게 되었어.

어쨌든 회복은 했지만 휴유증이 없진 않았지.

그래도 나의 짝사랑은 변치 않고 굳건한 듯해.

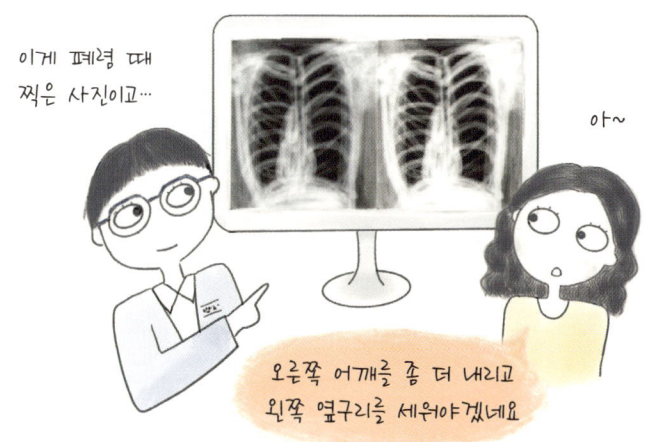

28. 그랑 주테

성인이 되어서 점프를 해본다는 건 좀 특별한 경험인 것 같아.

발레에서 '그랑'은 '크다'는 의미인데

그랑 주테는 보통 홀 전체를 가로질러 뛰거든.

클래스에서도 피날레처럼 가장 마지막 순서로 나오는 경우가 많아.

수업의 끝에서 몸도 마음도 더워진 우리의 그랑은

홀 가득 여러 가지 색으로 그려지곤 해.

29. 발레 로망

발레를 꾸준히 하다보면 누구나 로망을 하나씩 갖게 되는 것 같아.

물론 나도 있는데…

내 슈즈에도 구멍이 났으면 좋겠다는 작은 소망.

그냥 낡아서 버린 적은 있었지만

구멍 나서 버린 슈즈는 아직까지 없었거든.

그런데 놀랍게도 그건 나만의 로망이 아니었어.

30. 부상

발레하다가 부상을 당하는 일이 나에게도 생겼어.

아무도 내가 듣고 싶은 말을 해주지 않는 거야.

하지만, 언제나 그랬듯 발레 학원에 갔지.

아픈 발로 지탱하는 것만 아니면 거의 모든 동작이 가능했어.

결국 클래스를 끝까지 다 들었는데

의사 선생님의 말을 잘 들어야 한다는 결론만 얻었지.

31. 나의 창문

새롭게 시작된 프로젝트로 역대급 스트레스를 받고 있던 중에

퇴근 후 발레가 위로가 되고 있다는 걸 알았어.

다른 생각을 할 틈도 없이 땀 흘리는 시간 동안

머릿속을 가득 채웠던 걱정과 짜증들이 잊히고

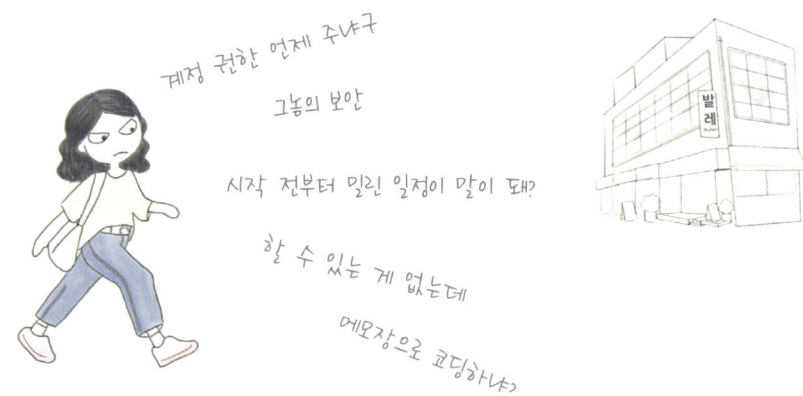

맑은 공기가 들어온 것처럼 다른 생각들로 채워지더라구.

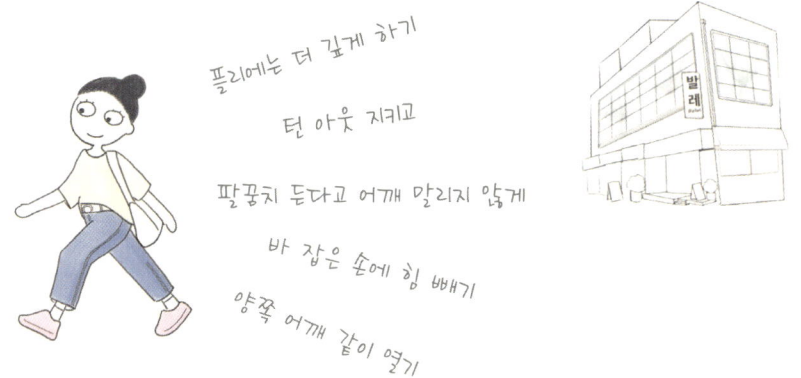

플리에는 더 깊게 하기
턴 아웃 지키고
팔꿈치 든다고 어깨 말리지 않게
바 잡은 손에 힘 빼기
양쪽 어깨 같이 열기

나의 창문이 되어줘서 고마워, 발레.

32. 토슈즈

발레를 배운다고 하면 다들 토슈즈를 신는다고 생각하는데…

일반적인 클래스에서 주로 신는 연습용 천슈즈

발레 전공, 프로 무용수가 무대를 위해 신는 토슈즈 point shoes

보통 취미발레 학원에는 토슈즈 클래스가 따로 있어.

멋지다

토슈즈를 신고 하는 수업이라니

'언젠가 나도 신을 날이 있겠지' 생각하곤 했지만

일단 예쁜 건 갖고 싶잖아.

토슈즈는 구입하고도 해야 할 일이 많았어.

수업을 듣기도 전에 이미 지쳐버렸지 뭐야.

33. 레벨 실수

새로운 수업을 선택할 때 가끔 실수를 하곤 하는데

내가 듣기엔 버거운 수업을 선택하는 것.

체험하겠다 생각하고 스스로 결정할 때도 있지만

준비되지 않은 실수일 때는 더 당황스러워서

한 시간이 천년같이 느껴졌어.

레벨이 맞았으면 달라졌을까?

34. 순서 창작

틈틈이 쓰던 발레 노트는 제대로 된 발레 용어로 채워지고 있었지만

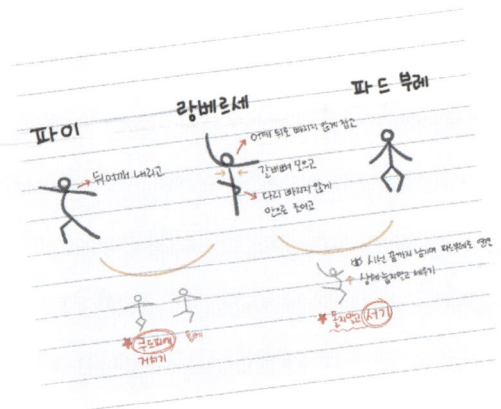

수업에서는 여전히 순서를 틀리고 있어.

단지 틀리는 패턴이 좀 바뀐 것 같아.

선생님은 매 수업마다 다양한 시퀀스를 주시는데

난 내가 아는 것만 하고 있는 거지.

의도한 건 아닌데 자꾸 창작을 하고 있지 뭐야.

35. 본캐릭터

발레 클래스에서 자주 만나도 서로 잘 알지는 못하는데

알고 보면 정말 다양한 사람들이 모여 있는 것 같아.

친분이 생기면 사적인 얘기를 나누는 친구가 되기도 하지만

학원에서 만날 때는 그저 같이 수업을 듣는 클래스메이트인데

모두 본캐가 있다는 걸 새삼 깨닫는 순간

취미 발레 클래스가 더 특별하게 느껴졌어.

36. 발레룩

발레에 최적화된 출근룩 덕분이었는지

꽃집에서 발레하시는 분이냐는 말을 들었지 뭐야.

요즘 패션의 기준은 무조건 옷 갈아입기 편한 스타일인데

더워진 날씨에 귀차니즘까지 더해지면

조금은 엉망진창이 되어버리기도 해.

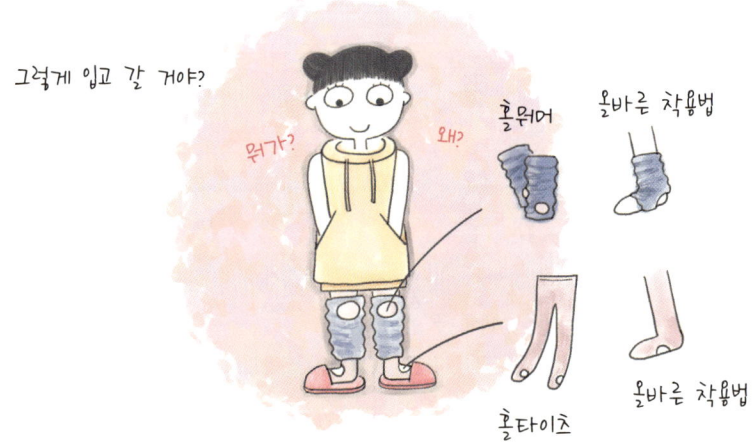

누가 봐도 출근하는 사람은 아니지 뭐.

37. 칭찬

성인이 되어서 발레를 시작한다는 건

참 많은 인내심을 필요로 하거든.

마음 같지 않은 내 발레에 상처받는 순간에도

누군가의 끊임없는 격려와 칭찬은

그럼에도 불구하고 계속할 수 있는 힘이 되는 것 같아.

느려도 조금씩 나아진다고 느껴질 때 너무 신나거든.

38. 통합테스트

프로젝트는 매일 수정 건이 쌓여가는 통합테스트 기간이 되었어

사람들은 예민해지고 짜증나는 상황도 생겨나는데

그럴 때마다 난 엉뚱한 생각을 하곤 해.

발레 가고 싶다.

발레 클래스 음악을 들으며 일하고

폭우가 쏟아져도 발레는 못 참지.

39. Reverse

발레엔 리버스 Reverse**가 있거든.**

바깥쪽
앙 드오르
En Dehors

안쪽
앙 드당
En Dedans

바에서도 오른쪽이 있으면 왼쪽이 있고

오른쪽 왼쪽
번갈아 서기

앞이 있으면 뒤가 있는 식이지.

탕뒤 드방
Tendu Devant

탕뒤 데리에
Tendu Derriere

근데 이게 배워갈수록 어려워져서

파 드 바스크를 반대로?

파 드 바스크는 배웠지만 reverse는 완전 새로운 동작 같아

센터에서 오른쪽 순서를 끝내면

왼쪽은 미리 계산해두지 않으면 할 수가 없어.

40. 츤데레

매주 발레의 횟수는 점점 늘어나고 있었는데

열정만큼 눈에 띄게 나아지지 않았어.

도대체 언제 느는 거냐며 투덜거리고 있을 무렵

작은 가능성을 발견했지 뭐야.

눈치채지 못했었는데 조금씩 살금살금

발레는 나를 바꿔가고 있었나봐.

3장.
알레그로, 열정의 여름

41. 발등의 상처

친구와 함께 '처음 신는 토슈즈' 반에 가보기로 했어.

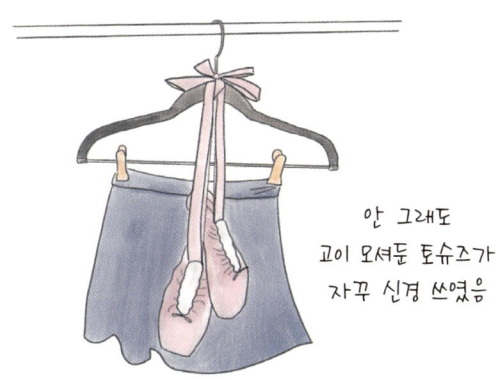

나름대로 각오를 하고 갔는데 조금 예상 밖이었던 건

따로 연습을 한 것도 아닌데 처음보다 훨씬 수월한 거야.

이래서 발목과 발등에 힘이 생겨야 한다는 거구나

신기한 나머지 집에서도 연습해봤어.

타이츠까지는 귀찮고 토싱만…

취발 인생에
토슈즈는 없다고 한 사람

토싱

조금 알 것도 같아서 재미있었지만

맨발에 신어서 금방 발등에 상처가 생겨버렸지 뭐야.

42. 레벨업

생각지도 않게 레벨업을 하게 됐어.

갑자기 발레를 가고 싶었는데 선택지가 별로 없었거든.

어려운 수업도 도전해봐야 한다는 부담감은 있었지만

여러 가지 이유로 미루고 있었어.

나에게 발레는 즐겁고 행복한 취미의 영역인데

언제부턴가 해야만 하는 결함 처리처럼 생각하고 있었나봐.

탕 드 퀴스
temps de cuisse

43. 금도끼 은도끼

학원의 탈의실은 늘 수업 전후로 사람이 집중적으로 몰려서

정신없는 와중에 뭔가를 잃어버리는 경우가 많아.

발레를 할수록 분실물 에피소드도 늘어가는데

내 물건만 잃어버리면 차라리 괜찮거든.

자꾸 미안한 일이 생겨버리지 뭐야.

그렇지만 이런 일들 때문에 많이 웃기도 해.

44. 나만의 무대

예쁘고 우아하게만 보였던 발레는 사실 엄청난 운동이었지만

예술의 영역이기도 하잖아.

동작 하나에 챙겨야 할 디테일이 끝도 없지만

선생님도 무대와 극장을 기준으로 설명해주고

춤추는 느낌을 가지라고 얘기해주시거든.

매 순간 나만의 무대 위로 초대받는 느낌이야.

45. 감자티

발레 작품에는 스토리와 캐릭터가 있잖아.

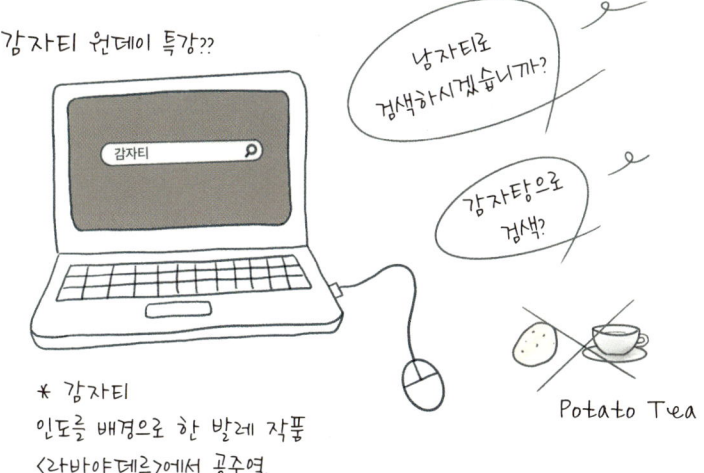

다른 누군가가 되어서 춤을 추는 건 어떤 걸까?

동작과 순서만이 아닌, 춤을 추는 느낌이 알고 싶어졌어.

미리 준비해가면 조금은 가능하지 않을까 싶었는데

역시 작품의 벽은 생각보다 높아서

순서에서 조금도 나아가지 못했지 뭐야.

46. 발레 콩쿠르

작품 참고 영상을 찾다보면 주로 콩쿠르 영상이 나오거든.

요즘엔 취미발레인들도 비전공 부문으로 많이 참가하더라구.

자꾸 생각이 머무는 걸 보면 마음이 있는 게 분명한데

지금 이대로 괜찮을까 그게 제일 고민스러웠어.

하지만 실력으로 괜찮을 때가 있을 리가 없잖아.

마음이 나를 부를 때 도전해보기로 했어.

47. walking

콩쿠르 준비는 작품 선정부터 시작되는데…

작품은 많은데… 뭐가 좋은지 모르겠다

〈파키타〉 파드트루아
〈돈키호테〉 키트리
〈해적〉 오달리스크
〈백조의 호수〉 오데트
〈해적〉 귈나라
〈탈리스만〉
〈코펠리아〉 시간의 왈츠
〈어웨이크닝 오브 플로라〉
〈레이몬다〉 피치카토

작품을 선택하지 못하고 있는 나에게 선생님은 〈지젤〉 1막을 추천해주셨어.

우리 모두가 다 아는
그 유명한 〈지젤〉 중

지젤이 포도 축제에서
춤추는 장면

무려 32번의 발로네가 있고

무대 전체를 돌면서 도는 마네즈도 있는 작품이야.

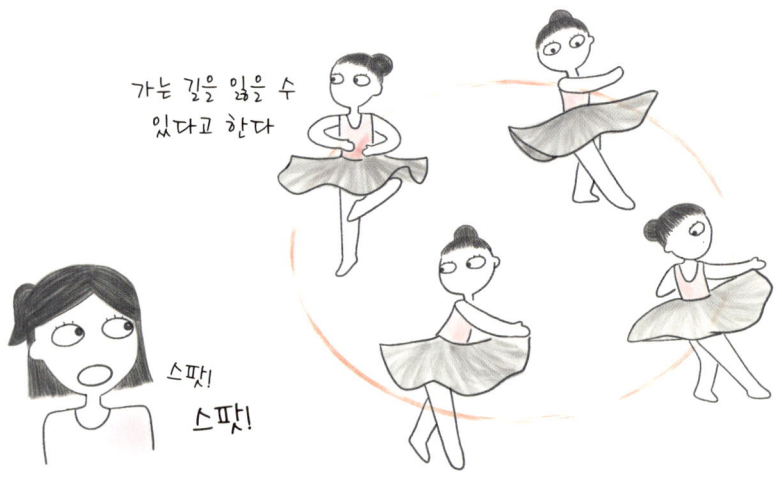

동작들 사이에 그냥 걷는 구간도 있거든.

무대 위에서 걷는 게 이렇게 어려울 줄 몰랐어.

48. 과정

경연의 힘은 대단해서

어쨌거나 연습은 진행되고 있었고

어설프나마 2분짜리 작품을 끝까지 할 수 있게 되었어.

고작 2분은 생각보다 훨씬 힘들었고

발레로 가득 채워지는 일상이 피곤하기도 했지만

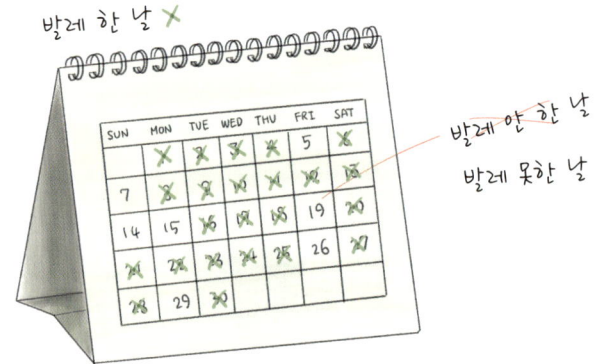

난 분명히 이 과정을 행복하게 기억하게 될 거야.

49. 특별함

그나마 발레 공연을 보러 다닌 건 취미발레를 시작하고 난 후인데

생각해보니 <지젤> 전막 공연을 한 번도 본 적이 없는 거야.

콩쿠르를 앞두고 여러 영상을 찾아보고 연습하면서

<지젤>이라는 작품이 나에게 특별하게 다가오기 시작했어.

유치찬란하게만 느껴졌던 스토리였는데

언젠적 포스터인지
모르겠지만…

내적 친밀감

얼마나 아름답고 예쁘게 빛나던지…….

사랑하지 않는다
사랑한다
사랑하지 않는다
사랑한다

50. 결과

내 주변엔 발레에 진심인 사람들이 많아.

발레 자체가 주는 즐거움 때문이기도 하지만

발레를 통해 성장하는 나를 볼 때 뿌듯함도 크거든.

조금 더 나아지기 위해 각자의 방법으로 최선을 다하고 있어.

과정 가운데 많은 것을 느끼고 배웠으니까.

결과에 상관없이 조금은 더 성장하지 않았을까.

51. 마주하기

발레 일상에 뭔가 허전한 평온함이 찾아왔어.

내적 친밀감은 내적 회피감으로 바뀌어버렸고

그나마도 기억 속에서 사라질 무렵

온.오프 라인으로 우편물들이 도착하기 시작했어.

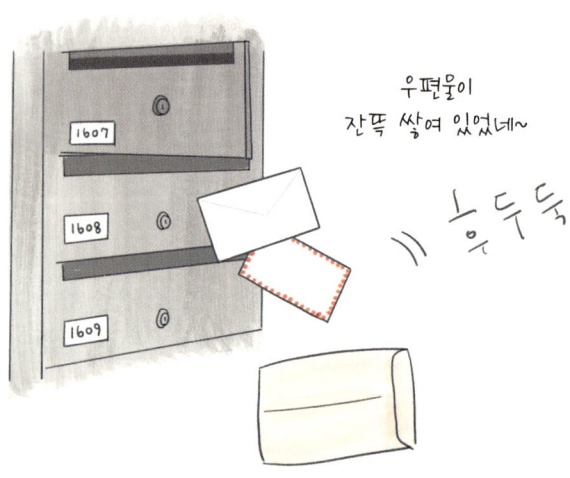

몇 달 동안의 노력의 결과물들이라고 할 수 있을 텐데

정말 참담한 심정이었지 뭐야.

52. 발태기

취미 발레인들 사이에 '발태기'라는 말이 있어.

딱히 어느 순간, 어떤 이유를 꼬집어 말할 수는 없지만

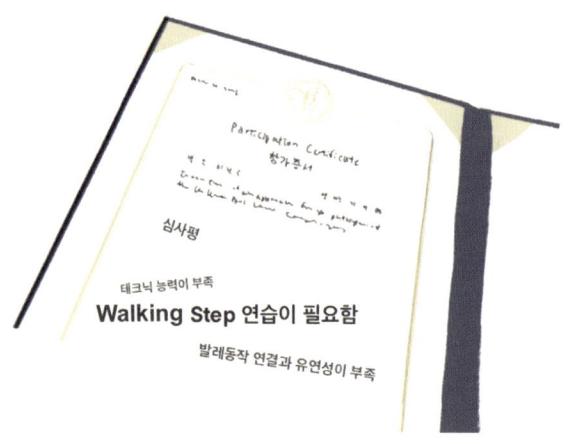

확실히 나도 발레에 대한 열정이 예전 같지 않았어.

나름의 노력에도 성과가 없었다는 마음이었을까?

이젠 발레가 없는 일상을 상상할 수 없는데

그냥 '발태기'라는 말 뒤에서 좀 쉬어 가고 싶었나 봐.

53. 천천히

기초가 중요하다고 하잖아.

어렵게 레벨업을 했지만

다시 돌아가서 기초 수업을 들어보기로 했어.

하지만 순서를 해내는 것도 정말 중요하더라구.

어려운 수업도 병행하면서

웬일인지 요즘 아다지오가 좋아지기 시작했어.

54. 알레그로

같은 레벨이라도 선생님에 따라 난이도가 달라질 수 있는데

내 컨디션에 따라서도 난이도가 다르게 느껴지기 마련이거든.

정원이 정해지지 않은 수업에 하필 사람이 몰린 날

그 모든 커브가 맞아 떨어진 어느 날의 알레그로는

눈치싸움만 하다가 끝나는 줄 알았는데

선생님은 어떻게 다 아는 거지?

55. 남자 수강생

가끔 발레학원에도 남자 수강생이 있냐는 질문을 받곤 하는데

남자 수강생보다는 남자 선생님들이 더 많은 것 같긴 하지만

없지는 않아.

필요에 의해 온 사람들도 있고

드라마 주인공처럼 발레가 좋아서 배워보려고 오신 분도 있고

여자친구 손에 이끌려 온 남자 수강생도 있더라구.

56. 턴멍

언제부턴가 더블 턴을 연습하기 시작했어

센터에서의 더블 턴은 선택 옵션과 같아서 시도를 망설이곤 했는데

아니 뭐 딱히 한 바퀴도 완벽하지 않잖아?

그냥 해보다 제법 성공하게 된 후유증이 있었는데…

그것은 바로 '턴멍'.

언제쯤이면 이 모든 걸 생각하지 않고도 습관처럼 잘할 수 있게 될까.

57. 데블로페

유연성과 근력은 동작의 완성도를 높여주니까

취미라고 스스로 한계를 만들지 말고

가능한 선에서 최선을 다해보자는 마음으로

데블로페 연습을 하고 있어.

혼자 탄 엘베는 못 참지.

꼭대기 층이 가능한 그날까지!

58. 탈리스만

<탈리스만> 베리에이션이 어울릴 것 같다는 말을 들었어.

나의 이미지에 어울린다니 어떤 춤일지

호기심과 기대로 한 달 동안 작품반을 들어봤어.

각자의 영상을 남기는 마지막 날

나만의 개성을 발견할 수 있을까 궁금했는데

어쩌면 이게 제일 나다운 모습일지도.

59. 호흡

센터에서 공간을 제일 많이 쓰는 그랑 점프는

일반적으로 가장 작은 그룹으로 진행되는데

어떤 동작을 함께하는 건

때때로 너무 특별한 경험이라

움직임에서의 호흡과 에너지

그런 게 어떤 건지 조금은 알 것 같은 느낌.

60. 파드되

파드되는 발레 수업 중에서도 진입장벽이 꽤 있는 편이지만

중심축을 찾는 데 도움이 될 거라는 말에 용기를 내봤어.

무용수가 나와 동작을 함께 해준다는 황송함과

미숙함으로 인한 민망함

틀리면 안 된다는 긴장감

어설픈 내 발레가 제일 무서워~!

4장.
레베랑스, 사랑의 인사

61. 캐스팅

발레 클래스는 학원마다 정원의 기준이 다르거든.

정해진 정원이 있어 예약제로 운영되기도 하고

예약 없이 오는 사람이 몇 명이든 상관없이 수업이 진행되기도 해.

예약 인원이 일정 기준 미달이면 수업이 자동 취소되었던 우리 학원에서는

열성 회원들이 수업 폐강을 막기 위해 캐스팅을 하기도 했는데

의리가 꾸준함을 낳기도 하더라구.

62. 도전

누군가가 중심축을 잡아주는 건 확실히 도움이 되었는데

내 발레가 위험하지 않도록 기억해야 할 것들이 있었어.

파드되에서 턴을 할 때는 아나방을 신경 쓸 것.

서로 다치거나 불편하지 않도록 배려할 것.

자진해서 결심한 것도 있었는데

파드되에서 토슈즈를 신어보자는 도전!

63. 발레 잘하고 싶다

처음 발레를 할 때는 순서를 틀리지 않는 게 제일 중요했는데

발레를 할수록 순서가 전부가 아니라는 걸 느껴.

같은 동작을 해도 유독 빛나는 사람은

작은 디테일을 모두 지켜내는 사람.

그 디테일들이 습관적으로 지켜지기 위해서

중요하지 않은 기초는 아무것도 없었어.

64. Barre

발레에서 바는 도와주는 거라고 하는데

집중하다보면 나도 모르게 의지할 때가 있어.

바 워크에서 턴을 하게 되는 경우는

바가 신경 쓰여서 자꾸 바깥쪽으로 중심이 기울고

돌아서 잡다가 바를 쓰러뜨릴 뻔한 적도 있었는데

파드되에서 선생님이 자꾸 바처럼 쓰라고 하시네.

65. 특강

외국의 유명 발레단이나 무용수의 공연은 다 챙겨보지 않았지만

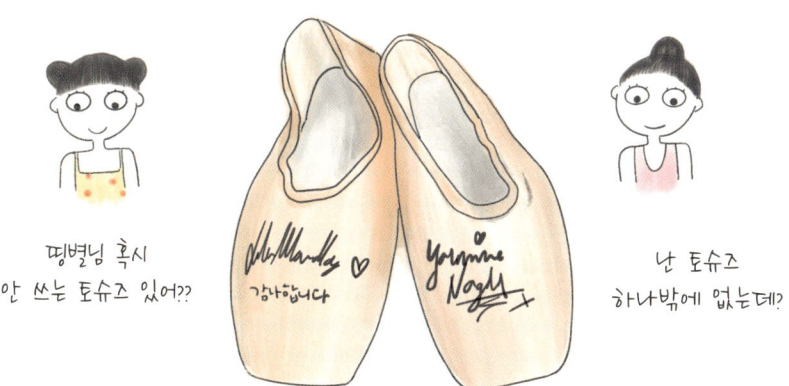

그 무용수의 특강이라니 호기심과 기대감으로 신청해봤어.

뭔가 어색한 긴장감이 팬미팅 같은 분위기이기도 했고

다른 학원에서 온 것 같은 새로운 얼굴도 많이 보였는데

평범한 칭찬 한마디도 평범하게 들리지 않는 수업이었어.

언젠가는 오늘도 사진 한 장의 추억이 되겠지.

66. 발치광이

이번 프로젝트에서 난 자주 야근하는 이미지를 갖게 된 것 같아.

사실은 어중간한 거리 때문에 저녁 수업을 기다리는 경우가 많았거든.

듣고 싶은 수업과 들어야 하는 수업

새로 생긴 학원 원정까지

빼곡한 발레 일정에 늘 바쁘고

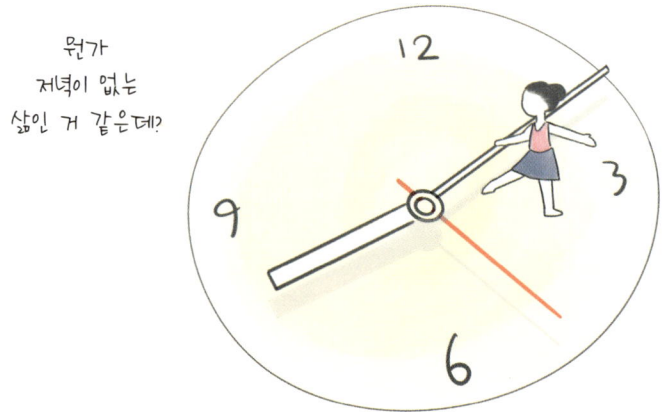

친구들한테 혼나기까지 하네?

67. 언제쯤

드디어 파드되 수업에서 토슈즈를 신어봤어.

더 잘되는 게 있었고

더 힘들어진 것도 있었는데

당연히 사람마다 개인차는 있겠지만

유난히 내가 바보같이 느껴지는 날은

발치광이도 전투력 상실이네.

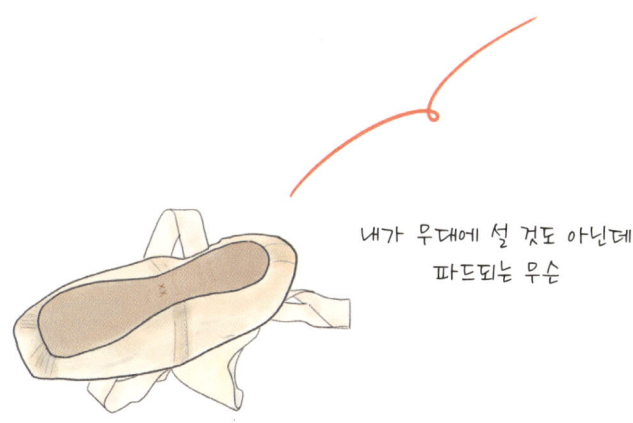

68. 계절의 길목

그 무렵 나는 무언가 잡히지 않는 것을 쫓아가듯이 조급했고

조금은 의기소침했고

조금은 화가 나 있었어.

그저 즐거움에 열심히 하고 있다고 생각했는데

왜 자꾸만 치열함으로 치닫게 되는 걸까?

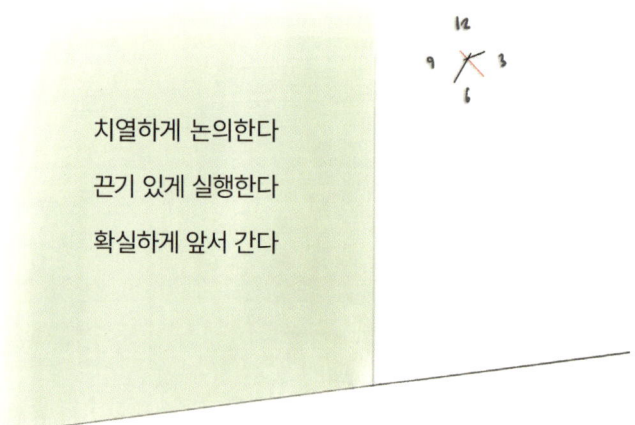

치열하게 논의한다
끈기 있게 실행한다
확실하게 앞서 간다

아름다운 계절이 지나고 있었는데 말이야.

언제 이렇게 다 물들었지

69. 발레 여행

발레를 하기 전에 일본에 자주 갔었는데

복잡한 거리에서 발레숍을 이정표 삼아 길을 찾았던 적이 있었어.

일본에 대해 조금은 알고 있다고 생각했는데

발레라는 안경을 통해 보는 건 낯설고 새로워서

그 세상이 알고 싶어졌어.

프로젝트 철수 후 휴가는
발레 테마 여행으로 정했다

결국 또 일본 여행이지만 설렌다.

70. 이웃 나라의 발레

발레 테마 여행답게 학원 동선 중심으로 스케줄을 짜봤어.

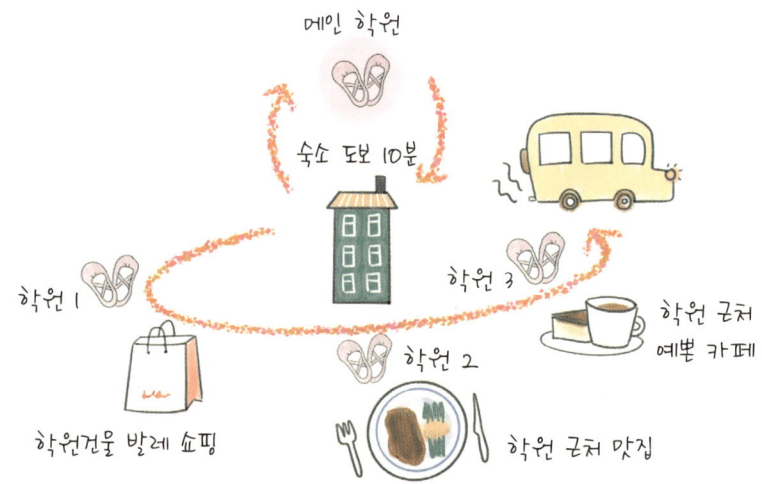

도착하자마자 근처 학원에서 등록한 수업은

직장인이 많을 것 같은 저녁 클래스였는데

생각보다 연령대가 다양하더라구.

무엇보다 남자 수강생이 많은 게 인상적이었는데

남자 그룹만 3그룹

초급반스럽지 않은 수업 내용과 실력이 놀라웠어.

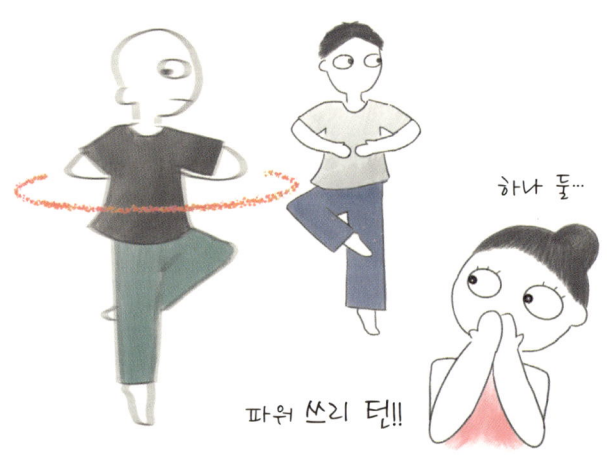

하나 둘…

파워 쓰리 턴!!

71. 눈부시게

도심의 아침은 여행지에서도 다르지 않았고

나의 휴가도 그 바쁜 풍경의 일부가 되어가고 있었어.

여행은 누군가의 일상이라고 하잖아.

낯선 곳에서 만나는 평범한 사람들과

반복되는 일상이 이렇게 빛나고 있다는 건

여행자의 시선에서 느낄 수 있는 특별함이야.

72. 빨래

모든 세탁물의 세탁 표시를 꼼꼼하게 보지는 않지만

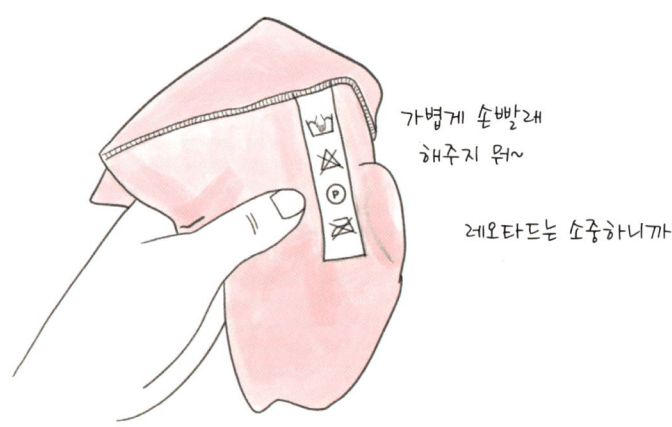

가볍게 손빨래 해주지 뭐~

레오타드는 소중하니까

발레복만큼은 손빨래를 고수하던 시절이 있었어.

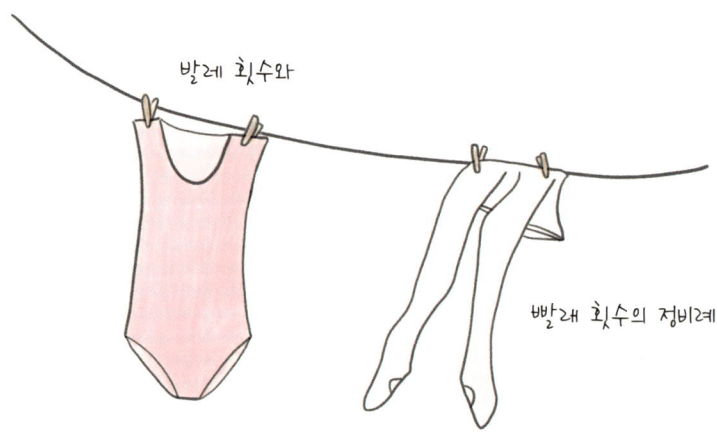

발레 횟수와

빨래 횟수의 정비례

하지만 얼마 못 가 세탁기로 직행하게 되었는데

그건 종종 세탁 실수로 이어지기도 하거든.

아까운 마음에 모른 척하고 그냥 신을 때도 있었는데

생각지도 못한 반응을 얻었지 뭐야.

73. 겨울 발레

추운 날에 발레를 할 때는

옷을 더 챙겨입고 수업을 시작하는데

간단한 웜업과 바 워크가 끝나기도 전에

구석에 옷가지들이 쌓여가곤 해.

계절이 무색한 열기로 가득 찬 수업이 끝나면

추위를 잊어버린 홀 안에 이야기꽃이 피어나지.

74. 3인무

<호두까기 인형>의 '갈대피리의 춤'을

아마 공연을 봤으면
강아지 인형 나오는 춤이 기억날 텐데

남자 한 명과 여자 두 명의 3인무 버전으로 배워봤어.

같은 작품이라도
다른 버전의 안무가 있기도…

동작이 완성되기 위해선

세 명이 모두 각자의 역할을 잘 해내야겠지만

음악만 나오면 실수투성이였지 뭐야.

그래도 웃음 가득했던 수업이었어.

75. 크리스마스 클래스

약속도 많고 모임도 많은 연말인데

꾸준하게 취미를 즐기는 사람들도 많은 것 같아.

연말의 들뜬 분위기는 학원도 다르지 않아서

조금 특별한 이벤트가 열리기도 하거든.

발레를 사랑하는 사람들이

크리스마스 코스튬
costume class

크리스마스를 맞이하는 방법이야.

Merry Christmas
Merry Ballet

76. 힘들어도

겨울 탈의실엔 비슷한 겉옷들이 너무 많아.

어쩜 이렇게 똑같이 생긴 검정 롱패딩만 걸려 있을까

평소에도 어이없는 실수가 많은 편이지만

발레 슈즈 신은 채로 택시를 탔더라구~

신데렐라?

콩쿠르장 계단에 띵별님 신발 아냐?

지난 겨울에 유독 실수가 많았거든.

여유가 있는 다른 룸에 패딩을 옮겨놓고

내 패딩이 없어졌다고 생각했던 적도 있었어.

힘들어도 정신을 차려야겠어.

77. 못생긴 발레

난 연습 영상을 남겨두지 않는 편이야.

항상 실력이 나아지면 저장해두겠다고 생각했거든.

그런데 우연히 나의 예전 영상을 보게 되었어.

당연하게도 엉망진창 발레였지만

나름대로 풋풋하게 빛나고 있더라.

못생긴 내 발레도 좀 더 사랑해줘야겠어.

78. 보부상

겨울 짐은 가방 하나로 부족할 때가 많아.

짐도 많고 부피도 크고…

수업 후에 함께 학원을 나설 때면

눈이다~

모두들 서로 보부상이라고 놀리곤 해.

모르는 사람들은 짐이 왜 이렇게 많냐고

아직도 발레하냐고 물어보기도 하거든.

난 할머니가 될 때까지 발레하고 싶은 걸?

Outro

학원들의 콩쿠르반 모집 공고가 보이기 시작했어.

예전보다 더 많은 사람들이 관심을 가지는 것 같지만

난 아직 결정을 내리지 못했어.

매일의 사소한 이야기들도

하나둘 모아보면 이렇게 예뻐 보이니까

이젠 내 사진으로
가득 찼네~

어떤 그림으로 채워져도 좋을 것 같거든.

히힛~

띵별의
일러스트 발레일기

지은이_ 띵띵이별
펴낸이_ 양명기
펴낸곳_ 도서출판 **북피움**

초판 1쇄 발행_ 2025년 11월 19일

등록_ 2020년 12월 21일 (제2020-000251호)
주소_ 경기도 고양시 덕양구 충장로 118-30 (219동 1405호)
전화_ 02-722-8667
팩스_ 0504-209-7168
이메일_ bookpium@daum.net

ISBN 979-11-994320-0-0 (03810)

- 잘못 만들어진 책은 바꾸어 드립니다.
- 값은 뒤표지에 있습니다.